LA FAILLITE D'UNE LOI

L'EXCEPTION DE JEU

DANS LES

MARCHÉS A TERME

PAR

A. HAUMONT

AVOCAT, PROFESSEUR À L'ÉCOLE SUPÉRIEURE DE COMMERCE DU HAVRE

Extrait de la *Revue du Commerce et de l'Industrie*.

NANCY

IMPRIMERIE BERGER-LEVRAULT ET Cⁱᵉ.

18, RUE DES GLACIS, 18

1896

LA FAILLITE D'UNE LOI

L'EXCEPTION DE JEU

DANS LES

MARCHÉS A TERME

PAR

A. HAUMONT

AVOCAT, PROFESSEUR A L'ÉCOLE SUPÉRIEURE DE COMMERCE DU HAVRE

Extrait de la *Revue du Commerce et de l'Industrie*.

NANCY

IMPRIMERIE BERGER-LEVRAULT ET Cⁱᵉ.

18, RUE DES GLACIS, 18

1896

L'EXCEPTION DE JEU DANS LES MARCHÉS A TERME

ET LA JURISPRUDENCE

Ce n'est pas seulement dans le domaine de l'histoire que des légendes se forment : on en trouve aussi dans le domaine du droit. « L'exception de jeu ne peut plus être opposée à l'exécution des marchés à terme, la loi du 28 mars 1885 l'a supprimée. » Voilà ce qu'on dit couramment, voilà ce qu'on croit dans le monde des affaires. Légende ! L'exception de jeu n'est pas morte ; la cour de Paris vient encore de l'admettre dans un arrêt du 24 novembre dernier. Le lecteur n'en sera d'ailleurs pas surpris, quand il connaîtra l'histoire de la loi de 1885.

Bien qu'on eût soutenu que les marchés à terme sur les effets publics, soit qu'ils fussent faits à couvert, soit qu'ils fussent faits à découvert, étaient prohibés par la loi, la jurisprudence, dans son dernier état, en 1885, admettait depuis longtemps déjà leur validité, à la condition toutefois qu'ils constituassent de véritables ventes ou achats devant donner lieu à livraison ou à prise de livraison des titres vendus ou achetés. Car, si dans l'intention des parties, ces opérations devaient se régler par de simples différences, les tribunaux n'y voyaient que des jeux ou paris sur la différence des cours, et en prononçaient la nullité, en vertu de l'article 1965 du Code civil, qui dénie toute action en justice à raison de dettes de jeu.

Quant aux marchés à terme sur marchandises, on n'avait jamais contesté qu'ils fussent valables en principe ; mais, comme pour les marchés sur titres, les tribunaux prononçaient la nullité de ceux qui avaient pour objet de masquer des opérations de jeu.

Cette faculté pour le spéculateur malhonnête de se soustraire à l'exécution de ses obligations, n'était pas vue avec faveur dans le monde des affaires. Les tribunaux de commerce dont les décisions, plus que celles de toute autre juridiction, reflètent l'opinion dominante des commerçants, admettaient difficilement l'exception de jeu ; mais leurs jugements étaient réformés par les cours d'appel. Les plaintes devinrent vives surtout à l'occasion du krach provoqué par la ruine de l'Union Générale. A ce moment, en effet, on vit nombre de spéculateurs qui avaient, pendant une longue suite de liquidations, encaissé de fortes différences, invoquer l'exception de jeu lorsque, la chance se tournant contre eux, leur tour était venu de payer.

Le Gouvernement s'émut et chargea une commission extraparlementaire d'étudier la question, et d'indiquer les réformes qui lui paraîtraient susceptibles d'être réalisées dans la législation.

La commission conclut tout d'abord à la reconnaissance de la validité des marchés à terme en général. Cette reconnaissance ne pouvait pas avoir une bien grande portée pratique, puisque, depuis longtemps, la légalité des marchés à terme était admise par les tribunaux. Mais on pouvait toujours craindre un revirement de la jurisprudence et, une fois le principe inscrit dans la loi, un pareil changement n'était plus à redouter.

Mais fallait-il aller plus loin et mettre l'exécution des marchés à terme à l'abri de l'exception de jeu ? Fallait-il, en déclarant valables les marchés à terme en général, valider même ceux qui, devant se régler par un simple paiement de différences, étaient considérés par les tribunaux comme de véritables paris sur les variations des cours et annulés par eux en vertu de l'article 1965 Code civil ? La commission fut partagée sur ce point. Neuf voix se prononcèrent pour la suppression absolue de l'exception de jeu dans les marchés à terme, c'est-à-dire pour la validité des marchés à terme, même de ceux qui, dans l'intention des parties, devaient se régler, non par une livraison de titres ou de marchandises, mais par des paiements de différences ; neuf voix se prononcèrent pour le maintien de l'exception de jeu et, par suite, pour la reconnaissance des seuls marchés à terme dans lesquels la livraison des titres et des marchandises était le but poursuivi. Ce partage de voix entraînait le maintien du *statu quo* et la possibilité pour les parties de se prévaloir, comme dans le passé, de l'article 1965 du Code civil, toutes les fois que les marchés tomberaient sous le coup de cet article. Il ne pouvait être dès lors question d'opérer une grande réforme. Il s'agissait simplement de régulariser l'exception de jeu, que tant de personnes auraient voulu voir supprimer complètement, et d'empêcher les tribunaux de l'admettre trop facilement, en leur offrant un criterium qui, sans laisser trop de place à l'arbitraire, permît de faire la distinction entre les marchés à terme sérieux et ceux qui, ne tendant qu'à des paiements de différences, dissimulaient de simples paris sur les cours.

Pour arriver à ce résultat, la commission proposa l'adoption d'une loi ainsi conçue :

« Nul ne peut, pour se soustraire aux obligations qui en résultent (des « marchés à terme) se prévaloir de l'article 1965 Code civil, lorsque l'a-« cheteur a le droit d'exiger la livraison ou que le vendeur a le droit de « l'imposer. »

Une semblable loi n'eût pas réalisé une réforme bien importante, puisque, même après son adoption, il aurait toujours fallu distinguer les marchés à terme sérieux et les marchés à terme fictifs, pour valider les premiers et annuler les seconds, et que les tribunaux auraient toujours eu la mission de faire cette distinction. Mais la loi nouvelle aurait eu l'avantage de bien définir le caractère auquel on aurait pu désormais reconnaître les marchés à terme sérieux qui eussent été ceux dans lesquels « l'acheteur a le droit d'exiger la livraison et le vendeur celui de l'imposer ».

Cette rédaction eût empêché les tribunaux, comme ils en avaient trop la tendance, d'apprécier les marchés d'après le mode de règlement adopté, et de considérer comme fictifs tous ceux qui se résolvaient par un paiement de différences, alors que ce mode de règlement pouvait n'être qu'un simple accident, les parties ayant eu tout d'abord en vue une livraison effective. La commission voulait, en effet, que les tribunaux, « laissant de côté ce qui a pu se passer par la suite », ne prissent en considération que les circonstances qui avaient accompagné la formation du marché.

Alors même qu'elle s'en tenait à l'époque de la conclusion du marché pour en apprécier le caractère, la jurisprudence avait encore une tendance que la commission jugeait fâcheuse et qui consistait à se fonder, pour reconnaître qu'un marché était simulé, sur la disproportion entre la fortune de l'acheteur et l'importance des opérations entreprises, disproportion qui aurait mis l'acheteur dans l'impossibilité de se livrer. Quelquefois même des arrêts avaient pris en considération des circonstances encore plus futiles : ainsi la cour de Rouen s'était appuyée, pour déclarer fictif un marché à terme, sur ce que les marchandises achetées étaient étrangères au commerce de l'acheteur (il s'agissait d'un pharmacien ayant acheté à terme 1,000 sacs de café).

La disproportion entre la fortune de l'acheteur et l'importance des achats paraissait à la commission une circonstance peu décisive : Cette disproportion, disait la commission, « peut être un obstacle à l'exécution du « marché ; mais c'est là un simple obstacle de fait n'impliquant pas que la « personne qui a fait une spéculation excessive n'a pas le droit de livrer « les titres ou de se les faire livrer. Il est d'autant plus mauvais de s'arrê-« ter à cet obstacle qu'il n'est pas insurmontable. D'abord, en empruntant,

« une personne peut parvenir à exécuter une opération excédant de beau-
« coup ses propres moyens. Puis, il faut tenir compte de ce que celui qui
« achète une grande quantité de titres peut, en les revendant, se procurer
« tout ou partie du prix qu'il a à payer. »

A ce point de vue encore, le texte de la commission était de nature à
mettre les tribunaux dans la nécessité d'exiger des preuves plus décisives
que par le passé, car la circonstance que le vendeur a dû, étant donnée
la fortune de l'acheteur, soupçonner que celui-ci ne pourrait prendre
livraison, ne démontre pas qu'il ait renoncé au droit d'exiger une prise
de livraison, difficile sans doute, mais non impossible. Une semblable re-
nonciation, en effet, ne pourrait résulter que d'un accord entre les parties,
et non d'une simple volonté ou d'une simple intention unilatérale. Or, le
projet de la commission écartait l'exception de jeu toutes les fois que le
droit d'imposer ou d'exiger la livraison était conservé.

Mais, quels que pussent être les avantages du projet, son adoption n'eût
jamais réalisé qu'une réforme incomplète, parce que la commission visait
deux buts contradictoires : maintenir l'exception de jeu et supprimer les
inconvénients qui en sont inséparables. Elle voulait réaliser une sorte de
mariage entre le Grand Turc et la république de Venise. Son rapport même
laisse percer ses doutes sur l'efficacité de sa tentative : « le projet de la
« commission n'enlève pas aux tribunaux le droit de déclarer simulées les
« opérations qualifiées par les parties de marchés à terme et d'admettre
« en conséquence l'exception de jeu.... *Mais les tribunaux devront, en*
« *s'inspirant de l'esprit de la loi nouvelle, se montrer difficiles dans l'ap-*
« *préciation des moyens de preuve produits pour démontrer que malgré*
« *les apparences il n'y a pas de marché à terme véritable.* »

Cette dernière réflexion des auteurs du projet est la meilleure critique
que l'on puisse formuler contre lui. Qu'est-ce, en effet, qu'une loi qui, au
lieu d'imposer aux tribunaux des dispositions précises et impératives, se
résout, en dernière analyse, en un conseil de prudence et de circonspec-
tion adressé aux magistrats ?

Le Gouvernement adopta les vues de la commission et soumit aux
Chambres un projet de loi conforme à ses conclusions, en prenant son rapport comme exposé des motifs.

La première disposition consacrant la validité des marchés à terme fut
votée sans modification à la Chambre et au Sénat. La seconde disposition,
relative à l'exception de jeu, ne fut au contraire admise qu'avec des mo-
difications.

Sa rédaction parut en effet à M. Naquet, rapporteur de la commission nommée par la Chambre, susceptible de permettre à la jurisprudence de renverser toute l'économie de la loi.

Et, à l'appui de ses appréhensions, l'honorable rapporteur citait deux espèces, deux hypothèses qui lui avaient été suggérées par des négociants et dans lesquelles on voit disparaître le droit à la livraison sans cependant qu'il y ait jeu.

1° Au mois de mars courant, A..., fabricant, vend directement à B..., négociant, 2,000 sacs sucre, livrables en mai, au prix de 60 francs l'un. En avril, il se produit une baisse de 10 francs par sac, et l'on a lieu de croire à une baisse plus importante, ou bien encore, la baisse a donné un cours inférieur au prix de revient. A..., en homme prudent, pour limiter ses risques ou faire un bénéfice nouveau, rachète à B... les 2,000 sacs à 55 francs pour les revendre à un autre client. D'où pour B... une perte de 10,000 francs. Lorsque A... réclame à B... le paiement du compte, celui-ci invoque l'article 1965 en prétextant que la résiliation intervenue a supprimé tout droit de livraison. — Quelle sera l'interprétation du juge?

2° Y..., commissionnaire ou facteur ducroire responsable, a reçu en mars l'ordre de X..., meunier, d'acheter 10,000 sacs de blé, livrables en mai, au prix de 35 francs. Le blé baisse; X... donne l'ordre de vendre le blé à 30 francs; les deux ordres sont exécutés. La compensation constitue X... en perte de 50,000 francs, qu'il refuse de payer en invoquant l'article 1965, sous prétexte que la compensation a enlevé le droit de livraison. — Quelle sera la situation de l'intermédiaire? Quelle sera l'interprétation du juge?

Les appréhensions du rapporteur me paraissent exagérées. Sans doute, le projet du Gouvernement subordonnait l'admissibilité de l'exception de jeu à l'absence, pour les parties, du droit d'exiger ou d'imposer la livraison, et ici ce droit fait défaut. Mais il existait au moment du marché et cela suffisait, avec le texte proposé, pour rendre irrecevable l'exception de jeu. Ce n'est que par suite de faits postérieurs dont, nous l'avons vu, les tribunaux ne devaient plus tenir compte, que ce droit s'est trouvé transformé en droit à une différence. On peut même aller plus loin et dire, au moins dans la deuxième espèce, que le droit à la livraison ne s'est pas transformé en droit à une différence; qu'il y a bien eu livraison, double livraison même, et que c'est de cette double livraison qu'est né le droit à la différence.

Quoi qu'il en soit, les raisons invoquées par la commission firent impression sur la Chambre et celle-ci, au lieu du texte proposé par le Gouvernement, vota celui que lui proposait sa commission et qui était ainsi conçu : « Nul ne peut, pour se soustraire aux obligations qui en résultent

(du marché à terme), se prévaloir de l'article 1965, *lors même que ces mar-*
chés devraient se résoudre par le paiement d'une simple différence. »

Cette fois la réforme était profonde et radicale ; l'exception de jeu était
bien supprimée en matière de marchés à terme. Étaient désormais à l'abri
de l'article 1965, non seulement les marchés qui ayant primitivement pour
objet une livraison effective se réglaient en vertu d'un accord ultérieur par
un simple paiement de différence, mais encore les marchés qui, dès l'origine, n'avaient pas d'autre objet qu'un règlement par différence, en un
mot les paris sur le cours des valeurs et marchandises dissimulés sous
l'apparence de marchés à terme.

Le texte était clair, précis et ne laissait aux tribunaux aucune liberté
d'interprétation. Il eût été, je crois, bien accueilli par les commerçants.
Malheureusement, le Sénat le modifia et d'une manière qui est loin d'être
heureuse.

Au texte de la Chambre le Sénat substitua la rédaction suivante :

« Nul ne peut, pour se soustraire aux obligations qui en résultent (des
« marchés à terme), se prévaloir de l'article 1965 Code civil, lors même
« qu'ils *se résoudraient* par le paiement d'une simple différence. »

Aux mots « devraient se résoudre », de la Chambre, le Sénat substituait
les mots « se résoudraient », ce qui semblait impliquer que l'exception de
jeu pourrait comme par le passé être opposée aux marchés qui dès l'origine
devaient se résoudre par un paiement de différences. C'était en revenir, en
apparence au moins, aux idées de la commission extraparlementaire, mais
avec une rédaction beaucoup moins précise que la sienne et qui laissait
beaucoup plus de place à l'arbitraire des tribunaux.

Aussi, M. Lyon Caen écrivait-il dans le journal *la Loi* (numéro du
4 mars 1885) :

« La Chambre des députés, comprenant la nécessité d'une solution nette
« et précise, avait adopté un système absolu.... Il n'en est plus de même
« avec la modification apportée par le Sénat.... Le projet, tel qu'il est
« sorti des délibérations du Sénat, exclut bien l'exception de jeu quand le
« marché sérieux à l'origine se résout cependant par le paiement de dif-
« férences. Il laisse au contraire aux tribunaux la faculté de l'admettre
« quand ils jugent, d'après les circonstances, que « dès l'origine » il y a
« eu volonté de ne pas arriver à une livraison effective. Le projet du Sénat
« est donc sur ce point purement et simplement la confirmation de la ju-
« risprudence actuelle. Il laisse la porte ouverte à l'exception de jeu dans
« les cas même où elle est admise actuellement par les tribunaux. »

L'examen de la dernière jurisprudence démontre que le savant professeur avait vu juste [1].

Cependant, il résulte de l'examen des travaux préparatoires que le Sénat n'entendait pas apporter à la loi votée par la Chambre une modification aussi profonde que celle qui paraît résulter du texte adopté ; qu'il entendait, au contraire, comme le voulait la Chambre, mettre absolument à l'abri de l'exception de jeu les marchés à terme tels qu'ils se pratiquent aujourd'hui. La pensée du Sénat, reflétée par le rapporteur de sa commission, M. Naquet [2], était qu'il devait résulter de la loi que, *lorsqu'une opération sur titres ou sur marchandises se présente sous la forme d'une vente ou achat à terme, il y a présomption légale que les parties ont entendu que ce marché se résoudrait par une livraison ou une prise de livraison effective et que cette présomption n'est pas susceptible d'être détruite par la preuve contraire.* Les seules conventions que le Sénat voulait laisser soumises à l'exception de jeu étaient celles qui précisément ne se présenteraient pas sous la forme d'un marché à terme portant vente ou achat. Quelles étaient ces conventions ? Le rapporteur ne s'en faisait pas une idée bien nette : il voulait empêcher qu'on validât non seulement les vrais marchés, mais encore « des conventions *nouvelles, inconnues jusqu'ici* (!), « innommées, que l'on ne saurait assimiler à des marchés et dans les- « quelles les parties, au moment même de la convention, s'engageraient « *par écrit* à ne pas exiger la livraison, à ne pas l'imposer, et à résoudre « l'opération par le paiement d'une différence. »

Si le Sénat avait fait passer ces idées dans le texte de la loi, la loi ainsi modifiée eût présenté à peu près les mêmes avantages que la loi votée par la Chambre, puisque l'exception de jeu n'aurait plus pu être opposée qu'à des opérations qu'on ne rencontre pas dans la pratique.

Mais, si c'était là ce que voulait dire le Sénat, il faut convenir qu'il n'en a rien dit. Vainement, dans la commission, une minorité plus clairvoyante demandait plus de précision dans le texte et voulait que les mots « présomption légale » y figurassent. Il lui fut répondu que le législateur n'employait les mots « présomption légale » que pour les définir (art. 1350, C. c.) et que pàrtout ailleurs il se bornait à affirmer [3].

Il résulte de ce qui précède que le vote et les discussions du Sénat nous

---

1. Cependant, dans son Traité de droit commercial en collaboration avec M. Renault, M. Lyon Caen admet une autre opinion.

2. M. Naquet, déjà rapporteur à la Chambre, avait été élu sénateur avant que la loi passât devant le Sénat.

3. C'était une erreur : on lit en effet dans l'article 559 du Code de commerce : « Il y a présomption légale que... »

mettent en présence de deux lois, une loi qu'on voulait faire, et une loi qu'on a faite.

<table>
<tr><td>Loi qu'on voulait faire.</td><td>Loi qu'on a faite.</td></tr>
<tr><td>

Lorsqu'il y a vente ou achat à terme de titres ou de marchandises, la présomption légale est que ces ventes ou achats doivent se régler par une livraison ou une prise de livraison effective, et aucune preuve n'est admise contre cette présomption.

En conséquence, nul ne peut, pour se soustraire aux obligations qui résultent de ces marchés, se prévaloir de l'article 1965 du Code civil, alors même qu'ils se régleraient en fait par un paiement de différences.

Cependant, lorsqu'au moment même du marché les parties ont renoncé par écrit au droit d'exiger la livraison effective ou de l'imposer, l'exception de jeu peut être admise.

</td><td>

Nul ne peut, pour se soustraire aux obligations qui en résultent (des marchés à terme), se prévaloir de l'article 1965 du Code civil, lors même qu'ils se résoudraient par le paiement d'une simple différence.

</td></tr>
</table>

Les deux lois ne se ressemblent guère, et la loi qu'on a votée ne contient rien dont on puisse conclure à l'existence de la présomption légale qui, dans l'esprit des législateurs, devait constituer toute la réforme.

La loi votée par le Sénat revint devant la Chambre. Le rapporteur, M. Peulevey, ne se montra pas très enthousiaste de la rédaction sénatoriale à laquelle il eût préféré, avec raison, celle de la Chambre. Mais il affirma que « la rédaction votée par le Sénat avait exactement le même sens et la même « portée que celle votée par la Chambre. » Il formula avec plus d'énergie encore que M. Naquet la présomption légale qui devait résulter du texte adopté, et la Chambre convaincue adopta le texte du Sénat, qui devint ainsi le texte définitif de la loi.

Nous venons d'assister à l'élaboration de la loi de 1885. Passons à son application devant les tribunaux. Laquelle des deux lois ceux-ci vont-ils appliquer ? Celle que les Chambres ont faite, ou celle qu'elles voulaient faire ?

La jurisprudence peut à cet égard se diviser en deux périodes.

Les décisions qui intervinrent immédiatement après la promulgation de la loi appliquèrent la loi qu'on avait voulu faire : celle qui résulte non du texte voté, mais des travaux préparatoires.

Il nous suffira de reproduire pour le démontrer, le sommaire de quelques arrêts rendus en 1885.

« La loi du 28 mars 1885 établit une présomption légale de validité des marchés à terme antérieurement réputés jeux de bourse, et cette présomption a pour effet d'interdire la preuve de la nature fictive des marchés à terme, lors même qu'elle résulterait de l'accord des parties (Montpellier, 7 mai 1885).

« Il suffit qu'une opération sur denrées ou sur titres soit conclue, *ab initio,* sous la forme et avec l'apparence d'un marché à terme ou à livrer, pour qu'il y ait une présomption légale qu'elle est sérieuse, présomption exclusive de la preuve contraire (Paris, 15 juin 1885). »

Dans le même sens, v. Rouen, 22 juin 1891.

Ces divers arrêts vont plus loin même que n'allait dans son rapport M. Naquet, qui admettait que le caractère fictif des marchés à terme pouvait être établi, lorsqu'il avait été constaté par écrit dès l'origine des opérations. D'autres arrêts, tout en admettant, comme les précédents, que tous les marchés à terme sont, par suite d'une présomption légale, réputés sérieux et avoir pour objet une livraison effective, présomption non susceptible d'être en principe combattue par la preuve contraire, admettent cependant, conformément aux déclarations de M. Naquet, que le caractère fictif du marché peut résulter d'un écrit dressé dès l'origine même des opérations (Paris, 6 juin 1885 ; Dijon, 18 mars1891) .

Mais les arrêts les plus récents, qui émanent surtout de la Cour de Paris, inaugurent une nouvelle jurisprudence qui, faisant litière de tout ce qui a été dit, tant à la Chambre qu'au Sénat, s'en tient au texte même de la loi de 1885, revient franchement à la jurisprudence antérieure au vote de la loi et consacre pour les tribunaux le droit tout à la fois et d'annuler comme fictifs les marchés qui doivent, dans l'intention des parties, se régler par de simples différences et (ce qui met à néant la réforme de 1885) *d'établir cette intention par tous les moyens de preuve, même par simples présomptions.* Ainsi se trouve justifiée la prédiction de M. Lyon Caen.

La rédaction défectueuse de la loi de 1885 rendait ce revirement inévitable.

Si, en effet, les travaux préparatoires d'une loi peuvent être un élément précieux d'interprétation, s'ils peuvent permettre de suppléer aux insuffisances du texte promulgué, de combler ses lacunes, de trancher ses indécisions, c'est à la condition qu'il existe une certaine concordance entre la discussion législative et la loi votée ; que l'une et l'autre suivent une marche parallèle vers un but commun dont l'évidence s'impose. Mais si ce parallélisme n'existe pas, si le sens apparent du texte est absolument différent de celui que les discussions permettaient d'attendre, les travaux préparatoires perdent toute leur importance. Les travaux préparatoires en effet ne révèlent avec certitude que l'opinion personnelle de quelques membres de l'Assemblée; quant à la volonté de cette Assemblée, on ne peut la chercher que dans le texte adopté.

Or, le texte de la loi de 1885 ne confirme pas les appréciations des rapporteurs. D'après ceux-ci, le « clou » de la loi, si l'on peut s'exprimer ainsi, devait consister dans une présomption légale aux termes de laquelle toute convention réalisée sous la forme et les apparences d'un marché à terme serait réputée avoir pour objet une livraison effective, sans que cette présomption pût être combattue par une preuve contraire. Mais cette présomption, rien dans la loi n'en révèle l'adoption; une seule solution résulte avec certitude de l'article 1er, c'est que la circonstance qu'un marché se règle en fait par un paiement de différences ne suffit pas pour que ce marché doive être considéré comme fictif. Si le mode de règlement adopté ne suffit pas pour dénoncer le marché fictif, à quels caractères pourra-t-on distinguer le marché sérieux du marché simulé qui doit être annulé? On chercherait vainement dans la loi le criterium. Qui devra le fixer? Les tribunaux. Il était dès lors inévitable que ceux-ci, jaloux de leur autorité, profiteraient des vices de rédaction de la loi pour ressaisir le pouvoir d'appréciation qu'on voulait leur enlever et s'ériger en arbitres souverains de la volonté des parties.

C'est ce qu'ont fait la Cour de Paris dans ses arrêts du 30 juin 1894, 21 novembre 1895 et la Cour d'Angers dans son arrêt du 8 juillet 1895.

Un des deux arrêts du 30 juin 1894 de la Cour de Paris est surtout significatif.

Après avoir posé en principe que les opérations qui ne constituent que des paris sur les cours doivent être déclarées nulles, la Cour ajoute que si ces opérations « se dissimulent sous la forme de marchés à terme ou de tout autre contrat, ce simulacre constitue une fraude *qui peut être prouvée même à l'aide de simples présomptions* ». La présomption légale alléguée à la Chambre et au Sénat est ainsi franchement repoussée.

Quant aux présomptions sur lesquelles s'appuie la Cour, ce sont celles qu'on invoquait avant la loi de 1885 : la disproportion entre la fortune des parties et l'énormité des opérations, le fait des parties de ne régler que par différences. « Attendu que le montant de ses prétendus ventes et achats à terme (ceux de Berigny) ne s'est pas élevé à moins de 118,586,000 fr. ; qu'étant donné son modeste patrimoine, il est manifeste que les soi-disant marchés n'ont été de sa part qu'un jeu sur la variation des cours... ;

« Attendu qu'aucun doute ne peut s'élever sur ce point (l'intention de régler par différences), si l'on considère que jamais l'une des parties n'a demandé à l'autre le paiement des titres qu'elle était censée lui avoir vendus ou la livraison de ceux qu'elle était censée lui avoir achetés... »

La Cour de cassation n'a pas encore été appelée à statuer sur la question et dès lors la jurisprudence n'a pas dit son dernier mot. Mais, si la doctrine des arrêts qui précèdent finit par triompher, la loi de 1885, grâce à sa rédaction défectueuse, n'aura réalisé aucune des réformes que l'on en attendait, et l'on pourra dire, en imitant le mot du comte d'Artois, en 1814 : « Il n'y a rien de changé en France, il n'y a qu'une loi de plus [1]. »

---

1. Depuis que cet article a été composé, la *Gazette des Tribunaux* a publié plusieurs décisions judiciaires sur la question (jugement du tribunal de commerce de la Seine du 17 août 1895, numéro des 2-3 janvier 1896 ; jugement du tribunal civil de la Seine du 3 décembre 1895, numéro des 27-28 janvier 1896 ; jugement du tribunal de commerce de la Seine du 23 janvier dernier, numéro des 4-7 avril). Le jugement du tribunal civil de la Seine du 3 décembre 1895 ne présente pas grand intérêt ; il n'accuse aucune tendance bien déterminée. Par contre, les deux jugements du tribunal de commerce sont extrêmement intéressants. Dans le premier de ces deux jugements, celui du 17 août 1895, le tribunal de commerce, malgré l'hostilité bien connue des tribunaux de commerce pour l'exception de jeu, se range franchement à la jurisprudence de la cour du ressort. Comme cette cour, il proclame que la preuve du caractère simulé d'un marché « peut être faite par tous les moyens de droit commun ». Il tire dans l'espèce cette preuve, notamment de ce que l'acheteur « est associé dans une maison de nouveautés, c'est-à-dire qu'il exerce une profession n'ayant aucun rapport avec les grains, farines et sucres, sur lesquels ont porté les opérations ». Il imite en cela la Cour de Rouen qui avait décidé avant 1885 qu'un pharmacien n'avait pu sérieusement faire un marché à terme sur des cafés. Ce jugement confirme donc pleinement les conclusions de notre article. Mais le jugement du 23 janvier dernier inaugure une jurisprudence absolument opposée. Comme les premiers arrêts rendus après la promulgation de la loi de 1885, sans se préoccuper de la loi « qu'on a faite », il applique résolument, en s'appuyant sur les travaux préparatoires dont il donne d'ailleurs une analyse plus complète que nous ne l'avons fait nous-même, la loi « qu'on voulait faire », et met tous les marchés conclus sous la forme de ventes ou achats à terme à l'abri de l'exception de jeu. Espérons que ce jugement ne demeurera pas isolé.

Le tribunal de commerce du Havre vient, à son tour, d'être appelé à statuer sur l'exception de jeu. « Attendu, dit-il dans un jugement du 26 mai dernier, que la loi « du 28 mars 1885 édicte en faveur des opérations à terme une présomption de vali- « dité qui ne peut céder que devant la preuve certaine que les parties étaient con- « venues d'avance qu'il n'y aurait pas de livraison et que l'opération se liquiderait « nécessairement par le paiement d'une simple différence. » Le tribunal ne s'expliquant pas sur la nature des preuves à fournir, ce qui est le fond même de la question, son jugement ne confirme ni ne contredit formellement aucune des solutions qui divisent la jurisprudence. Cependant, il semble s'inspirer plutôt du dernier jugement du tribunal de commerce de la Seine que de la jurisprudence de la Cour de Paris.

P.-S. — La Cour de Paris, par un arrêt du 12 mars, rapporté dans la *Gazette* du 27 mai, revenant, elle aussi, sur sa jurisprudence, a, comme le dernier jugement du tribunal de commerce de la Seine, appliqué la loi « qu'on voulait faire » et repoussé l'exception de jeu. Le dernier état de la jurisprudence ne permet donc plus de considérer comme définitive « la faillite de la loi ».

Nancy, imp. Berger-Levrault et Cie